हमारे झूठ भी हमारे नहीं

हमारे झूठ भी हमारे नहीं

अमिता शर्मा

राधाकृष्ण प्रकाशन

ISBN : 978-81-7119-700-2

हमारे झूठ भी हमारे नहीं

© अमिता शर्मा

पहला संस्करण : 2001
तीसरा संस्करण : 2026

मूल्य : ₹595

प्रकाशक
राधाकृष्ण प्रकाशन प्राइवेट लिमिटेड
जी-17, जगतपुरी, दिल्ली-110 051
शाखाएँ : अशोक राजपथ, साइंस कॉलेज के सामने, पटना-800 006
पहली मंजिल, दरबारी बिल्डिंग, महात्मा गांधी मार्ग, प्रयागराज-211 001
1, अनमोल सोराबजी संतुक लेन, धोबी तलाव, मरीन लाइंस, मुम्बई-400 002
वेबसाइट : www.radhakrishnaprakashan.com
ई-मेल : info@radhakrishnaprakashan.com

मुद्रक
बी.के ऑफसेट
नवीन शाहदरा, दिल्ली-110 032

HAMARE JHOOTH BHI HAMARE NAHIN
by Amita Sharma

क्रम

हमारे झूठ भी हमारे नहीं

मृत्यु-जप

एक नितान्त खाली जगह

बिना घर की छतें

भाषा से बाहर

हमारे झूठ भी हमारे नहीं

हमारे झूठ भी हमारे नहीं

उन आत्मकथाओं को गढ़ते
जिनमें हमारा नाम नहीं
उन नक्शों को रचते
जिनमें हमारा धाम नहीं
उन ग्रन्थों को ढोते
जिनमें हमारा धर्म नहीं
उन क्रियाओं को करते
जिनमें हमारा कर्म नहीं
उन तिथियों को गिनते
जिनमें हमारा काल नहीं
उन शब्दों को रटते
जिनमें हमारा अर्थ नहीं
उस भाषा को सीखते
जिसमें हमारा भाव नहीं

इस असंज्ञ संस्कृति में
किस सच को हम अपना कहें ?
हमारे झूठ भी हमारे नहीं

यह सुख है

ऐसा बहुत कुछ न होना
जो हो सकता था,
सड़क पार करते
बस से टकरा जाना
कचरेदान में फिंकी
गुड़िया के पेट से
लपकती आँच के अँधेरे में
आँखों का धँसना,
सरहद के गाँव में
आकस्मिक हमला
नकाबपोश
झूठे सच के जुनून में
एक साफ-सुथरी नीली सुबह
और नीली हवा को मैला करती
धुएँ की रेंगती लकीर में
फुँक जाना

एक हलकी आँच-सा
बस यूँ
एक पल में न होना
बिलकुल न होना

रेतीले होंठ, पथराई आँखों से
धूप की चमक में पानी ढूँढ़ना

या फिर रातों-रात
कागज की किश्ती-से
गलते गाँव में बह जाना
अनजान किनारे पर अटकी
उजड़े घर से उगली देह-सा
अपने इतिहास से कट जाना
बहुत कुछ होकर भी कुछ न होना—
यह सुख है

असमय पानी
असमय आग
प्रकृति अप्रकृति
काल अकाल
से बचे रहना
यह सुख है

जीवन के
डिब्बेनुमा बालकनी पर
अपने सुख का कम्बल ओढ़े
अखबारी हादसे पलटते
अपनी सुरक्षा की
धूप सेंकते रहना
गरम चाय गरम बहस
सरहदी गाँव
काली बाढ़
सूखा आग भिड़न्त में
'वह' न होने की राहत
यह सुख है

जिसकी बात है

जिसकी बात है
वह बोलते कम हैं
उनकी बात बूझते
इतिहास की बातूनी ज़ुबान
शब्दों के छालों से छिली
सूज गई है

उनकी बात पर
आम सहमति नहीं बनती

किसकी बात है
इस का भी वहम है
क्योंकि किसी ने उन्हें सुना नहीं

क्या उनका होना
उनकी भाषा का असर है
जो बोल रहे हैं ?

पर यह वहम कि वह हैं
यह एक आदि-सच है
हिरण्यगर्भ की तरह ज्वलन्त
जिसके होने न होने का प्रश्न
निरर्थक है
क्योंकि सबके होने के लिए

उसके होने के बारे में
सोचना अनिवार्य है

किसी का निश्चित होना
समस्या है
क्योंकि उसके होने से
निश्चित रूप से
उसका न होना
सिद्ध किया जा सकता है

इसलिए उनकी बात के वहम में
सब जी लेते हैं
उनकी बात कहने से
सब अपनी बात कह लेते हैं

सीखने का आनंद

सब शिक्षा पर बात कर रहे हैं
कॉपियों पर रेखाओं की जगह
युद्ध सीमाएँ खिंच रही हैं
बर्बर कौशल से विशेषज्ञ
किताबों को कुशल बना रहे हैं

चित्र या चित्र-कार्ड
अक्षर का क्या आकार ?
अक्षर या शब्द-पद्धति
गणित अंक या संख्या ?

सीखने के आनन्द का
इतना सख्त पाठ
कि बच्चों की सूखी स्लेटें
खुरच जाती हैं
कि खेलना भी सजा हो गया
चारागाह में गए बच्चे
चारागाह के सरंक्षण पर
पाठ नहीं पढ़ पाते
गलियों में पन्नी बटोरते
प्लास्टिक के प्रतिबंध पर
निबंध नहीं लिख पाते
महुआ बटोरते, पेड़ के
चित्र-कार्ड नहीं देख पाते

अन्तर्राष्ट्रीय सेमिनार में
शिक्षाविदों की शिक्षा
और पैनी हो गई है
उनका अनुसंधान
और अथक–
तेज़ी से बच्चे
प्रतिशत बनते जा रहे हैं
अब बच्चे और
उनके पाठ में कोई अन्तर नहीं
दोनों किसी और की शिक्षा का असर हैं

स्कूल अब सब जगह हैं,
बच्चे कहीं नहीं

बामियान का बुद्ध

(1)

बामियान का बुद्ध
जो दो हज़ार साल के
संघर्ष के ऊपर खड़ा रहा
तोप से उड़ा दिया गया

यह माना गया कि उसका
भगवान होने का दावा
निहायत झूठा था
झूठ की सजा यही हो सकती थी
तोप से उड़ा दिया गया

अन्तर्राष्ट्रीय नेताओं ने
कुछ नहीं कहा—
आन्तरिक मामला है
कोई किसी को उड़ा सकता है

बुद्धिजीवियों ने कुछ नहीं कहा—
प्रतीक है यह
संस्कृति का अर्थ
स्थानीय है
व्यापक भी होता
तो यह इतिहास का द्वन्द्व है

और फिर भगवान के पक्ष में
बहुत कुछ कहना
बुद्धि का लक्षण नहीं

बुद्ध-अनुयायियों ने
कुछ नहीं कहा
पल-पल नश्वर है
सब्बम् दुःखम्
वैसे भी बुद्ध की प्रतिमा
के होने न होने
का विवाद पुराना था

किसी ने कुछ नहीं कहा
क्योंकि प्रतीक और प्रतिमा
के टूटने के पहले
मानवता टूट जाती है

बामियान में एक जगह खाली है
विशालकाय
बार-बार बमबारी के बाद
वह उठ खड़ी होती है
उस शून्य को कैसे उड़ाएँ ?

(2)

रेगिस्तान में अकेला खड़ा बुद्ध
मीलों लम्बे सफर के ऊपर
छाया रहा शतकों से

मीलों लम्बा सफर

हलका हो जाता था
एक विशाल कल्पना की छाया में

बरसों चलता सफर
अचानक रुक गया
रेगिस्तान में खड़ा बुद्ध
अन्ततः अकेला हो गया

इतना अकेला वह तब भी न था
जब उसने घर छोड़ा
मोह से मुक्त, पर मोक्ष से
लौट आता था वह
बार-बार उनके बीच
करुणा से विवश

इतना स्नेह–

उस स्नेह से
अपने आप को कैसे बचाए ?

(३)

शिला में ध्यानमग्न
इतना कि
शिला कब खण्डित हुई
उसे ध्यान नहीं

चिन्ता में
वह भिक्षु बना रहा

वह अन्न-दाना माँगता
वह मोती-जेवरात माँगता
तो उसका कमण्डल भर सकता था

पर उसने कहा
अपना दुःख मुझे दे दो
दुःख की बात
किसी को अच्छी नहीं लगी
सब अपनी जिन्दगी में
सुख ही सुख देखना
चाहते थे

उसने कहा मुझे
अपनी इच्छाएँ दे दो
यह बात किसी को
समझ में नहीं आई
इच्छाएँ कैसे दी जाती हैं ?
उनके देने के लिए
उनके बाहर क्या
कोई होता है ?
उनके अलावा
क्या कुछ होता है ?

उसने कहा अपना शून्य
मेरे शून्य से मिला दो
शून्य से सब डरते थे
काले घने जंगल में भटक जाना
बिलकुल अकेले हो जाना
अपने आप से भी
और कुछ को उसमें

मौत की बू आती थी
लोहे की ठण्डी नली
का गहरा दाग
और खून-सी टपकती खामोशी

एक भिक्षु
इतनी असुरक्षा मचा सकता था
कि लोग उस पर वार करें

अब उसे लौट जाना चाहिए
जिनके लिए वह रुका था
वह बहुत आगे जा चुके हैं
उनसे कहीं लम्बी हो गई हैं
उनकी आकांक्षाएँ
उनके सामने वे अपूर्ण हो गए हैं
उसे वे अब कुछ भी नहीं दे सकते

उसकी भिक्षा की तलाश
पूरी नहीं होगी

हो जाती तो वह
मोक्ष लेता कैसे ?

शायद अब
उसके मोक्ष का समय
आ गया है

(4)

उसे देह हीन करने में

इतना समय क्यों लग रहा है ?
वह कब का त्याग चुका अपनी देह,
जब सोती स्त्री और शिशु को छोड़ चला

उसकी आत्मा है
या नहीं
इस शंका में वह
मौन रहा

तब से अब तक
मौन है

जिसे अपनी
आत्मा की परवाह नहीं
उसे दूसरे कैसे नष्ट करेंगे ?

इतिहास-गंध

कुछ शब्द आग पकड़ लेते हैं
जब तक उनकी आग है
उस समय का इतिहास जलता है
वे राख होने लगते हैं
दूसरे शब्द आँच पकड़ते हैं
इतिहास बदलने लगता है

कभी-कभी ऐसा भी होता है
कि शब्द न जलते हैं न बुझते हैं,
भड़कते हैं नए कोयले-से
आग के भ्रम में
और किसी के भुनते मांस-सी
गंध आती रहती है

माण्डू में

आवाज़ें अलसाती घूमती
मधुमयी शब्दों में उलझी
मुसकानें चमकती काटती
गुदगुदाए फलों-सी
सुनहली त्वचा,
इधर-उधर झाँकती
लापरवाह निगाहें
सिगरेट-सिरे और धुएँ की
कड़वाहट भरती जाती
आँखों और एक खोई नगरी में
पान की दुकान, काली-काँच
तेज गाड़ी से तेज संगीत
उछलता है सड़क पर
महीन काले मछुआरों के जाल में
गिरफ्त जहाज-महल
ठिठुरता अपनी ठण्डी होती शिला में

सब ढूँढ़ रहे हैं अपना भाव
औरों के चेहरों की नदी में
खुश हैं सब औरों के
बेपरवाह उन्माद में
अपनी तृष्णा से आतुर
एक-दूसरे को निगलती लहरें
एक महल से दूसरे महल तक

ऐतिहासिक मिट्टी में
मिश्रित मूँगफली छिलके

नदी, पेड़ और किनारे
के बीच का अन्तर
मिटाता धुंध
और उसको चीरता
हवा में उठता सेतु
एक लम्बी अंगुली-सा
करता इंगित

कहाँ ?

पीछे कहीं
मण्डप का एकान्त
छत पर हल्का-सा पदचाप
पहाड़ों के बीच झिलमिल
नर्मदा की एक झलक
अन्तः मन के राग-सा
संगीत-नाद

युद्ध, प्रेम, कला
की कैसी संधि
कि जीवन -मृत्यु
संयोग-विरह
सम्पूर्ण अर्थ से सघन।

इधर-उधर की चहलकदमी से
थक महल ने बंद करें
अपने झरोखे अपने इतिहास पर

समा गया अपनी जलछाया में
बहुत देर प्रतीक्षा कर
मूँद ली नगरी ने पलकें
अपने स्वप्न पर

नदी में विसर्जित कर
मूँगफली छिलके
प्राचीन पत्थर पर
पान के पत्ते-दिल में
खरोंच अपना नाम
चले गए वे
अमर कर अपना इतिहास

दृष्टिकोण

कितनी विशाल खिड़की
कितना विशाल आसमान
पर दीखती हैं केवल
उनके बीच की छड़ें

आमने-सामने

हर कुर्सी चौकोर
सामने देखती है
सामने हमेशा दीवार होती है
कोई कुर्सी आमने-सामने नहीं देखती

सब खैरियत है

सब खैरियत है
सड़कें खटखटा रही हैं
निरन्तर गश्त से
पुलिस थाने का बल्ब चौकन्ना है
मोटे जिल्द का रजिस्टर खुला है
ताजे हादसे से चीखने के लिए
जूतों की शानदार चरमराहट
बदल देती है गली के कोने में
अंगुलियों के बीच से निकलती
जिन्दगी को फुसफुसाहट में,
बल्ब की आँख घूरती है
थाने की दीवार पर छपती
अपनी काली छाया को
उसमें घुसती भीड़ के
एक-एक दाग को
सख्ती से नोट करती है
बाद में शिनाख्त के लिए

एक साफ-सुथरी रात में
कोरा रह जाता है
एफ.आई.आर.रजिस्टर
जैसे अँधेरे में गला घोटने के बाद
घटना का साक्ष्य

सौंप देते हैं सब
अपनी इच्छाएँ, अपने डर
कंक्रीट को ठोंकते
जूतों की लय को,
दरवाजा बंद करने के बाद
अपने भीतर
साँकल लगा देते हैं सब
किसके खिलाफ ?
चमड़े की आहट जता रही है
सब खैरियत है

वह आधी नींद में अचकचाता है
जगह-जगह खुजाता है
ढूँढ़ता है खुजली की
असली जगह खुरचने को
फिर फोन किटकिटाता है
तारदूत जोड़ देता है
उसके खुश्क सपनों को
उस धुँधली अलकापुरी में
जहाँ उससे अलग वह
सुगबुगा रही है
अपनी देह पर
एक नाजायज आँच
उसका हेलो सूँघता है
अनजान कमरों का कोना
एक बूढ़े श्वान-सा
दुम हिलाकर बैठ जाता है
माउथपीस पर

उसका हेलो सेंकता है
एक नाजायज स्वाद
उसके कान को ले लेती है वह
एक ही गस्से में
अपने माउथपीस पर

सोए नहीं ? नहीं।
मच्छर काट रहे हैं
माईग्रेन तंग कर रहा है
और तुम्हारे घुटने का दर्द ?
नटखट घुटनों पर वह थापती
एक मुलायम झूठ–
वैसे ही–झुक नहीं सकती–

आश्वस्त वह पूछता है
सब दरवाजे बंद हैं ?
खुद को खोलती कहती वह
हाँ सब
ओर साँकल बन्द हैं

किसके खिलाफ ?

सब कुछ बाहर करने के बाद
अब कौन सी इच्छा बची है
और किसका डर ?

बस एक गश्त काफी है
हो जाती है खबर

सब खैरियत है

सच का वजन

छत में आँखें उग आईं
सबको अच्छा लगा
अपने सिर के ऊपर सबको
ज्योति मंडल मिला
सब ईश्वर बन गए

जिसको जैसा आसन मिला
बैठ गई उसकी जिन्दगी
उस आकार में
कुछ कमी चुभी किसी को
पर कुछ इधर कुछ उधर
कुछ आगे कुछ पीछे
उकड़ूँ हो बैठे रहे
कि वह बैठे तो हैं
कुछ हद जमीन से ऊपर
औरों की स्थानक सुकून
मुद्रा को दोहराते
उनके समतल, समरूप

कुर्सियों का गुटबंधन
थामे था सच का वजन
अफवाहों की तरह।
हर शब्द की मार से
हवा में बौखला जाती

बहुत कुछ करने की इच्छा
धुनी रूई की तरह।

एक-दूसरे को तोलने में
कटता रहा
सबका हिस्सा-हिस्सा
चिपके रहे चिथड़े कुर्सी से
छुपे रहे छोटे-छोटे छेदों में,
हर छेद फैला रहा था आसन के ऊपर
अपना सच शाश्वत सम्पूर्ण

भेड़िया

एक दिन भेड़िए ने मेमने की खाल पहन ली
दिनों-दिन लेटा रहा खाल ओढ़कर
उसे लगा उसके अन्दर हरी दूब उग आई है
उसे लगा उसके अन्दर हलके-हलके
पानी कलकला रहा है
बादल पर वह तैरता जा रहा है
जंगल में उड़ते सफेद कबूतरों का झुण्ड
उसके अन्दर गुदगुदा रहा है
उसे लगा उसके सारे सूखे कर्कश काँटे
लम्बे मुलायम रेशों में लहलहा रहे हैं

मार दिया मेमने को,
अच्छा किया–
वह क्या समझता इस खाल की खूबी
जिसकी नर्म दबी उत्कण्ठाएँ
बेताब थीं किसी और के ओढ़ने के लिए

दिनों दिन वह लेटा रहा
नर्म इच्छाओं के सहलाते सिरों पर

और फिर एक दिन मेमने की खाल
उससे बातें करने लगी
उसे लगा उसके गले में
पानी की घूँट अटक गई है

घास का तिनका आँख में फँस गया है
जब वह चलता तो दबे पाँव नहीं
उछलता हुआ हवा में कुलाँचे लेता हुआ
जब वह जाता तो पीछे से नहीं,
उसका जबड़ा खिंच रहा था
जैसे कि विवश मुस्कुरा रहा हो
उसकी तनी भौं खुलती गई
जैसे कि जंगल से काँटे छँट रहे हों

कहीं उसे मेमने से प्यार तो नहीं हो गया ?

इस प्रश्न ने चौंका दिया उसे
वह कौन था ?
कहीं वह मेमना तो नहीं बन गया ?

परेशान उसने नदी में झाँका
पानी में खुरदुरे पत्थर-सा बैठा था
एक भेड़िए का चेहरा
घास पर पसरती परछाईं के
तीखे कोने कान खड़े थे सतर्क
उसके स्वाद में थी खून की सिलवट
वह मेमना नहीं था

वह मेमना नहीं था
इसीलिए खिंचा चला जाता था उनकी ओर
पंजों पर लपकती अपनी परछाईं के साथ
कैसी तीव्र ललक थी जो
गस्सा-गस्सा निगल शान्त होती
कैसे समझाए कि वह उन्हें मार नहीं रहा था
व्याप्त हो रहा था वह उनमें

पूर्णतः अनुभव करना चाहता था वह उन्हें

एक हल्का-सा आश्चर्य उनकी आँखों में होता
एक हल्की-सी पीड़ा उसे होती
कब समझेंगे वे कि
विवश था वह उन्हें चाहने के लिए
विवश थे वे उसे कबूलने के लिए
पिघल जाता उसका अकड़ा शरीर
उनकी नरम अनुभूति से
सो जाता फिर वह उनकी खाल में
अपने प्यार की पराकाष्ठा में

बागड़

छोटे झोंपड़े इस गाँव के
आसपास सटे
एक गठरी में गड्डमड्ड
कहीं दाग कहीं दरार
इधर-उधर फड़फड़ाते
फटेहाल रूमाली खेत
हर टुकड़ा अधूरा
पर सब साथ बँधे

बड़े खेतों के गाँव में
नहीं दीखते घर
एक-दूसरे से दूरी नापते
पीछे छुपे बड़ी बागड़ के
जो सूखी कँटीली होते हुए भी
हो जाती है ऊँची
गाँव के हर आदमी से

सूखा

मिट्टी के पेड़
धूप के प्रकोप में
मिट्टी में बुरबुराती चट्टान
चिड़िया की लाल चटक
चिटकती
चूर-चूर होते
मिट्टी के पंख

कटार-सी काटती
व्याकुल चिड़िया की पुकार
धूसर होते तालाब की कोख में,
कंकाल जंगल के खाली हाथ
तंग आसमान के सामने
कब से फैलाए पथरा गए,
धूल भर गई है जीवन रेखा में

मृत्यु-जप

गाँठ

सबसे ऊँची शाख पर
उसका लाल तिकोना झण्डा
और तने पर धागे

जिन्दगी के बंधन काफी नहीं
कि अदृश्य भी
गाँठों से बाँध लिया

ढेर

ढेर कर दिया सब–
आँगन के कोने में
पत्ती, लकड़ी, पुरानी
चिट्ठियों के अधकटे कोने
बंद बक्से में बदरंग हुए
कपड़ों की कतरन
बूढ़े हो चुके
काठ के हाथी और घोड़े
बटन की कानी आँख
बिना दाँत के कुत्ते
की मुस्कान

घर को साफ करने में
उड़ेल दिया
घर के कोने-कोने में
छुपा सामान
सम्हाल रखा था जो
कि एक दिन
पहुँच जाएगा
जिन्दगी की तरह
अपना सही स्थान
अब अपनी ही पहचान
से होता विस्मित

पुँछ गया हर भाव जो
हर दिन के हिसाब में
अकारण पिछले अंक से
हासिल की तरह आगे
चलता चला जाता था

साफ-सुथरे आँगन में अब केवल
रात में टपकते हैं
बेमौसम अमरूद, अनार
कोई उठाता नहीं
न बाहर से न अन्दर
सींक की झाड़ू उन्हें सवेरे
एक के ऊपर एक लादती
कर देती ढेर

बाहर से फिर कोई
अन्दर न आ जाए
पुँछे फर्श पर निशान
अपने न छोड़ जाए
खाली कमरों में थोड़ी
जगह न माँग ले
हर किवाड़ पर साँकल ठोंक दी
हर मुँडेर पर काँच जड़ दिया
हर कमरे को अपना ही
बंदी बना दिया

अब एक साफ दिन का इंतजार है
जब आँगन में रखे ढेर को
जलाया जा सकता है
अंतिम शुद्धि-यज्ञ में

कई साफ आकाश चमक चुके हैं,
कई बार आग जल चुकी है
आँगन के कोने में बढ़ते ढेर में
फुलझड़ी-सी चिरपिराती
चिंगारी छिटकती है
ढेर की सूखी सतह में
फिर बुझ जाती है

जैसे कि हरा हो जंगल अब भी
सूखी ढेरी के भीतर
गीला हो अब भी
उसका अन्तःकरण

उसके जाने पर

ऊपर अटकी अपलक
बुझी आँख
विस्मित होंठ
टेढ़ी गर्दन
सोए शिशु-सी देह
जहाँ जैसी रखी
वैसी रह जाती है

उस वैराग्य पर
कोई भाव बाँधो
कि होने न होने के बीच
एक समझौता हो सके
मौत का कोई चेहरा हो सके
समझना उसे तब भी
आसान न होगा
मुश्किल होगा तब भी
यह मानना
कि अब वह कुछ नहीं कहेगी
कि हम उससे लाख बात करेंगे
अब सारी उम्र सुनेगी वह
सब कुछ और कुछ नहीं कहेगी

हर भाव थम जाएगा,
ठण्डे रेतीले किनारे पर

थककर समुद्र ठहर जाएगा,
इतनी ठण्डी इतनी गीली
अकड़ जाएगी वह बर्फ पर
ढूँढ़ेंगे सब आसपास अपने लिए
दूर तक फैली सूखी जगह
दूसरे कमरे में रुकी रहेगी वह
उनके ले जाने के लिए
चली जाएगी वह
रुके रहेंगे सब
उसे अपने बीच छुपाकर
सीने पर गुजरेंगे
उसके जाते कदम
कपाल में फूटेगी
उसकी क्रिया
फिसलेंगे हाथ से
उसके ठण्डे हाथ
धँसेगी अन्दर
उसकी देह
जलेगी अन्दर
अंतिम अग्नि,
हमेशा के लिए
हमारे अन्दर रहेगी वह
हमेशा के लिए
अकेले रहेंगे हम

हमारे हर साधारण शब्द के भीतर
छुपा रहेगा रेतमाल
छीलता अर्थ
आकाश पर अंगुली-सा
राख का काला चिह्न

उतना ही अवशेष
शेष सब निरस्त
कि उसी जगह बसना चाहती है
जिन्दगी
खाली हो चुकी है जो जिन्दगी से

मृत्यु-जप

एक अकेले तुम्हें
बख़्शा है जीवन ने
औरों के कर्म-काण्ड के लिए
सब चले गए हैं
तुम्हें छोड़कर
मृत्यु को जीवन का
सबसे पवित्र मन्त्र मानकर
जपने के लिए

देखना

परेशान है वह कि उस पर
टिकी है अडिग
इतने लम्बे समय से
भारी पत्थर-सी
उसकी नज़र
उसे आहत कर रही है
छटपटा रहे हैं
उसके विच्छिन्न होते अंग
टँगे हुए हैं
उसकी दृष्टि-कील से

हटता है पीछे वह
अपनी चिथड़ी चेतना से
नहीं बनना चाहता वह
उस दूसरे की
चौखट में जड़ा चित्र

पीछे हटते-हटते
गिरता वह
बिम्ब-हीन खाई में

तब से गिरता जा रहा है
उस ही जगह पर बैठे
उस ही समय के घेरे में

जहाँ उसने उसको
अपने आपको देखते देखा

अपने आपको दूसरे के द्वारा
देखा जाना घटना है
ग्रहण की तरह
फूट जाती है आँख।

उसे देखने वाला वह
उस पर आँख टिकाए
उसके अस्पष्ट चेहरे के सहारे
अपनी दृष्टि साफ करना चाहता था,
हर बिम्ब के चारों ओर
इन्द्रधनुषी चक्र मँडरा रहे थे
जो हर आकार को काट देते थे
परेशान था वह उस विकीर्ण
प्रकाश मण्डल से
जो उसके दृष्टि-पथ पर आ
उसे वापस लौटा देता था
कहीं तक नहीं पहुँचती थी उसकी दृष्टि

तब से अब तक
कमरे के एक कोने में
अपनी थकी आँख बैठा
झपका रहा है वह
गहरे काले बिम्ब
अपनी चौंधियाई पुतली पर
दृश्य-अदृश्य के भेद को
लौटाने में

एक-दूसरे के देखने से
अपने आपको देखने के लिए विवश
वह अब कुछ नहीं देख सकते हैं,
यह भी नहीं कि
उनके देखने के अलावा
उस कमरे में कोई नहीं है
अब वे भी नहीं

निर्लिप्त

उसकी सजा है
वह सब कुछ दोहराना
जो उसे कचोटता हुआ
उसके साथ इतनी बार गुजर चुका है
कि अब उसके वक्ष में
हवा के आने से कुछ नहीं हिलता
चिड़िया के बैठने से
डाली नहीं झुकती
बारिश के झरने से
धरती सोंधी नहीं होती
सब कुछ हो जाने के बाद भी
अघटित रह जाता है वह
देखता है वह सब कुछ होते हुए
कभी न बंद होने वाली आँखों से
जुड़ता जाता है सब कुछ
एक अपलक सर्प-दृष्टि में
जिसका विष है
हर भाव से निर्लिप्त हो जाना

जोकर

रंगीन गुदड़ों का तन
लाल तिकोनी टोपी पर
उधड़े ऊन की फुंदियाँ
पतली झूमती टाँगें
और पुरानी साड़ी के हाथ
खुली उदार हथेलियाँ
गर्दन की झालर पर कसा
जैसे फाँसी के फंदे पर फँसा
सफेद खिंचे कपड़े का चेहरा
मुस्कुराता हुआ
लाल पेन्सिल की मुस्कान
'गलत' के चिह्न में टँकी
काले धागे की आँखें

क्योंकि वह हँसता रहता है
आसानी से हर खेल का वह
जोकर बनता रहता है

हीरो कभी नहीं
हीरो प्लास्टिक के
गुलाबी गुड्डे बनते हैं
जिनका हाथ गुलाबी गाल
सुनहले लम्बे बाल
फैलाए गुड़ियाँ थामती हैं

वे भी मुस्कुराते हैं
उनके वश में है उनकी मुस्कान
और उससे गद्‌गद दुनिया

उनके खेल में कोई ऐसा भी चाहिए
जिस पर विक्षिप्त इच्छाएँ
अजीबोगरीब कर्म
विचित्र वेषभूषाएँ
डाल कर हँस सकते हैं
अपना संतुलन
बनाए रखने के लिए
सबको चाहिए
अपने बीच में किसी एक को
जोकर का दर्जा देना

बचपन से अब तक
तने हुए हैं उसके होंठ
पर अब भी उसे मालूम नहीं
कि मजाक क्या है

अभाव

उसके शब्द दहकते हैं
सूरज की तरह
ढलने के पहले

उसकी आँखें गहराती हैं
सपनों से
नींद टूटने के पहले

उसके कदम आकाश को लाँघते हैं

वह जानता है
अपनी गति
अपना गन्तव्य नहीं

अर्धचेतना की रात से
उसने सारे जुगनू
अपनी मुट्ठी में बंद कर लिए हैं
बुझते हैं वह,
बेदखल होतीं
स्मृतियाँ–
डरता है वह
हाथ खोलने से
कि कहीं वे फिर
न जल उठें

जिसकी स्मृति नहीं
उसकी इच्छाएँ उसकी नहीं
बिना छुए टुकड़ों से
बनाता है वह
अपना कलैडोस्कोप जगत
जिसमें काल नहीं
केवल कणों का
आगे-पीछे फेरबदल

जिसकी स्मृति नहीं
वह बहुत दूर जाता है
पर पहुँचता कहीं नहीं
कि स्मृति है नाम
पहुँचने के स्थान का

जिसकी स्मृति नहीं उसका दर्द नहीं
बिना दर्द के भाव नहीं,
एक धूमकेतू की तरह
घूमता रहेगा वह अभाव में

अमर्त्य

वह सातवीं मंजिल से गिरा
और जमीन पर टूटने के पहले
वह ताश के पत्ते का चित्र बन गया
हवा में तैरता हुआ घर पहुँच गया
घर में किसी ने नहीं पूछा
कि वह चित्र कब बना और आदमी कब ?

उस दिन से वह जान गया
जरूरत पड़ने पर
वह बन सकता था
रोंएदार तकिए-सा
गोल, चुलबुला
या पत्ते-सा चिपटा,
हर तरफ से अलग दीख सकता था
कितने भी नीचे गिर सकता था
चोट उसे नहीं लगती
धीरे-धीरे उसने सीख लिया
चिड़िया-सा उड़ना
और मछली-सा तैरना
जो पहले गिरना था
अब उड़ान बन गया
और डूबना अब
ईश्वर की तरह
पानी पर चलना

अब वह अमर्त्य है
आम आदमी का चेहरा पहने
इतना खतरनाक
वह कभी नहीं हुआ

एक नितान्त खाली जगह में

उसका वसन्त

उसके अन्दर
फूल खिल रहे हैं,
उसके चेहरे पर उनकी
आभा है

जितनी इच्छाएँ उसने
क्यारी में दफना दी थीं,
उर्वरक बन
प्रचंड रंग खिला रही हैं

कभी उसने अपना बाग बनाया था
ऊँची दीवार, सीधे पथ
चौकोर हरियाली
कीमती पेड़-पौधे
उसका बगीचा दिखने लगा
जैसा और देखना चाहते थे
सब सही अनुपात में

उत्कृष्ट बागवानी के लिए
जब पुरस्कार मिलना शुरू हुए
तो उसके बगीचे में
सब मौसम बिगड़ गए

वसन्त पतझड़ एक हो गए
जो पत्ते गिर चुके थे
फिर से जन्म लेने लगे

कैसे सम्हाले वह
बेमेल ऋतुओं का रंग ?
उन फूलों का भार
जिनकी जड़ें उखाड़ चुकी थीं ?

माली-मन की कैंची खुली
काट डालो इन्हें
बहुत चटक फूलों में
बहुत काँटे होते हैं

उसे जो चुभन है
काँटों या कोंपल की
वह कह नहीं सकती
उसकी आँखों पर छाया रंग
गाढ़ा है या कच्चा
उसे मालूम नहीं
पर उसका चेहरा सुलग रहा है
सुनहली आँच में

दुःख है उपवन को
उन फूलों का जिन्हें
उसने खिलने नहीं दिया
कौतुक है
उनके रंगों की हलचल का

पहली बार उपवन को
फूलों से मोह हो गया है

अपने खिलते चेहरे को लेकर
वह कहाँ जाए ?
सघन होती जिसकी इच्छाएँ
पूर्ण होते अपने ही विसर्जन में ?
ऐसा वसन्त किसी ने देखा कहाँ ?

रंग

पेड़ों पर फूलों का लाल रंग
बेझिझक खिला
पत्थर की जाफरी को भेद
घर में घुसता है
धूप और खुले आसमान
की नर्म गर्मी सेंकता
घर का कोना-कोना

अपने प्यार को,
अस्तु, अपनी श्रेष्ठता को
सिद्ध करने में
मेरी खामियों के तुम्हारे
लम्बे विश्लेषण से
मेरा ध्यान बँटाता है

कोई और समय होता
तो मैं इस पर बहस कर सकती थी
पूरी शाम प्यार के प्रतिद्वन्द्व में
नई कमियाँ ढूँढ़ी जा सकती थीं
प्यार के बहाने किस हद तक
क्रूर हो सकता है मन
यह तय किया जा सकता था

पर अभी ठहरा है रंग–
नहीं देख पा रही तुम्हें
गुजरी मुलाकात की धूप में

कभी निरस्त न होनेवाला अन्तर

भाषाविद् कहते हैं
वस्तुओं की विद्या
को अब चिह्नों की विद्या में
तब्दील कर दिया जाए

वैसे भी हम चिह्न ही ढूँढ़ते हैं
दिए जलाते, परदे खींचते
फूल चढ़ाते, सेब काटते
देहरी रँगते, सीढ़ी चढ़ते
ढूँढ़ रहे वह चिह्न
जो इतिहास से मुक्त करेगा
आँखों में एक दिव्य स्वप्न अटकाए

केवल मनुष्य बनाता है
प्रतीक
प्रतीक बनाकर
उनसे अपना संबंध
खोजता है

तुम्हारा आना तब
सबसे अर्थपूर्ण है
जितना हो सकता है

सम्पूर्ण,
चिह्न के कभी निरस्त
न होने वाले अन्तर में
आधा हिस्सा हमेशा वह नहीं
आधा हमेशा वहाँ नहीं

उसकी यात्रा

वह वापस आएगा
वह घर से बाहर जाता है
पर उसकी कोई यात्रा नहीं

वह उसके पास जाता है
क्योंकि वह उसे
चमकती लहरों में छोड़ देती है
उसे वह धूप के रंग अपने लगते हैं
उसे डूबने से डर नहीं
काली चट्टान पर टूटती
लहर का उन्माद उसे अपना लगता है
वह समुद्री माया रचती है
और छोड़ देती है उसे
तूफान से भिड़ने के लिए

वह उसके पास जाता है
क्योंकि कभी-कभी
एक कस के खिंचे तार-सी
टूट जाती है उसके अन्दर
साधारण चीजों को सहने की शक्ति,
पुरानी चिन्ताओं की करवट,
एक-एक कर मरते पल की
अटकती साँस-सी
घड़ी की धड़कन

दीवार में छेद करती चीटियों की
अनवरत कतार-से पुराने डर,
बिना आवाज किए मस्तिष्क में रेंगते
असंख्य अधूरे हिसाब,
वह जमाता जाता है सब कुछ
जो कुछ दुनिया में नहीं अटता
अपने दिमाग में रखता जाता है

तुम यह नहीं देखती
मेज़ पर सब्जी काटती
देहरी पर चावल बीनती
चौके में दाल बघारती
कलफदार चादर बिछाती
तकिए, गिलाफ पर बेल काढ़ती

तुम बात करती रहती हो बेखबर
उसके अन्दर बढ़ते बोझे से
तुम्हें नहीं मालूम कि यह
बुहारा-फटकारा घर
कितना असहनीय हो गया है उसके लिए
क्योंकि इसमें कहीं जगह नहीं
जहाँ वह अपना कोलाहल रख सके

वह घर छोड़कर जाता है
अपने आपसे बचने के लिए
उसके साथ वह बन जाता है
एक असाधारण कल्पना का हिस्सा

यही उसकी माया है

फिर भी वह वापस आएगा
क्योंकि उनके खेल में
वह उसे सच मानने लगेगी

लौटेगा तब वह
जैसे एक लम्बे बुखाऱ के बाद
जकड़े शरीर का शिथिल होना
घुटते कमरे में खिड़की का खुलना
अपने स्थिर शून्य केन्द्र के चारों ओर
दीवार पर बंद घड़ी का
फिर से चलने लगना

मेज पर सब्ज़ी छीलते
कमीज में बटन टाँकते
राशन का हिसाब लिखते
कुछ मत कहना
वह जगह ढूँढ़ रहा है
साधारण चीजों के भीतर
घुसने के लिए

बहुत कुछ ढहने की आवाज आएगी
तुम चौंक जाओगी
मोटी कील पर टँगी रहेंगी तस्वीरें
पर उनके सारे चेहरे काँच से कटे होंगे,
छिलके के साथ छिलती जाएगी
जिन्दगी की हर सतह
तुम उसे वह चीख नहीं सुनने दोगी
जो तुम्हें चीरती रहेगी

वह अपनी जगह बना रहा है
तुम अपना सामान सरकाकर
उसे अपनी तरह बसने देना

जब सब शान्त हो जाएगा
दोस्त की तरह जब तुम
मेज के दो तरफ बैठ
साधारण चीजों पर
बात करने लगोगे
उसकी बात तुम्हारे पास रहेगी
पर वह चला जाएगा

तुम्हारा घर
उसके लौटने की जगह है
रहने की नहीं
वह है, इसलिए
वह यात्रा के ख्वाब देखता है

और तुम ?
एक दिन तुम्हें मालूम नहीं पड़ेगा
कि वह है भी या नहीं
रहते हुए भी तुम घर में नहीं रहोगी
उसकी तरह शुरू हो जाएगी
तुम्हारी यात्रा
मन ही मन

तुम उसे जानने नहीं दोगी
बेधार चाकू से सब्जी काटते,
बेल काढ़ते, देर रात जागोगी
बिना खाना खाए

उसके लौटने के लिए

और वह
वह भी उसे सच मान
वह भी अब
उसके लौटने के लिए रुकी रहेगी
तुम्हारी तरह

वह बात करेगा
तुम और वह दोनों
उसकी बातों के लिए
जगह बनाती रहोगी
वह जगह जो अब किसी की नहीं

भ्रम और माया के बीच
आते-जाते
अपने आने-जाने के
निशान मिटाते
उसकी कभी कोई यात्रा नहीं होगी

दोराह

उसके और उसके बीच
रास्ता दोराह बन ठिठक जाता है
जो राह चुनती है
उसका एक हिस्सा
कट कर फिर अलग हो जाता है
उस तक पहुँचने की जिद में वह
अपने आपको बाँटती जाती है
आधा, आधा
आधे का आधा
हर दो मुँह वाला रास्ता
निगल जाता है उसको

एक दिन सारे रास्ते
उसके सामने सरपट दौड़ेंगे
और वह जान जाएगी
रास्ते उसके चलने के लिए नहीं
चलने के भ्रम के लिए थे

कि वह ही वह दोराह था
जो उसे अपना रास्ता लगता था

एक विचार का अन्तर

कभी-कभी ऐसा होता है
वह उठता है
और आगे चलता है
ऐसा लगता है
कि वह अलग हो रहा है
कहना मुश्किल है
कुछ बदला या नहीं

तय करने के लिए कि वह
उससे दूर है या पास
सिर्फ एक विचार का अन्तर है

समय बदल जाता है
एक विचार के बदलने से

फ़रार

जितना हँस रही है
उतनी कम
होती जा रही है
उसके हँसने की वजह

जितनी स्वच्छन्द उसकी देह
उतना विवश मन
जितनी नज़र आती है वह
उतनी फ़रार
अपनी नज़र से

अनुपस्थित

(1)

उसके अनकहे शब्द
चौंकाते हैं उसे
जैसे पाँव तले
सूखे डण्ठल
और टूटता
जंगल का सन्नाटा
छितरता
घबराए हिरन का झुण्ड

हर सड़क के अन्तिम कोने पर
अखबार की तरह
खुलते, गिरते
सिकुड़ते दिनों में
जम्हाई लेती दोपहर में
घर लौटती अधीर
भीड़ की मुठभेड़ में
काले पंखों से घिरती शाम में
वह रुकी है
आत्मा की त्वचा
पर तीली जलाती
उसे देखने के लिए
लम्बी काँच की खिड़की के पार

निओन संकेत और
फिल्मी धुन के बीच
अपने मन के सबसे
भीतरी सुरंग में
स्मृति और स्वप्न से लिखती है
वह अपनी इच्छाएँ
सफेद चमकते मेजपोश पर
महकते गुलाब के चारों तरफ
उसने बिछा रखी है
अपनी खामोशी

जहाँ शब्द होने थे
था उसका विचार
जहाँ काल क्रिया कर्म
था उसका संस्कार

फिर भी उसके
अनकहे शब्द की आहट से
चौंकता है वह–
ऐसा कुछ नहीं है
उसकी भाषा में

(2)

वह अनुपस्थिति पर चलती है
बिना आवाज किए
तुम सुनते हो उसे
जैसे सुनता है कोई
अपनी आत्मा को
जिसे उसने उस मकान में

बंद कर रखा है
अब वह जिसमें रहता नहीं

वह चलती है
अनुपस्थिति पर
पड़ती है दरार
तुम्हारी चेतना पर

सांत्वना

वह मर चुकी है
सबके लिए,
जीती है वह अब
उसकी चेतना में,
डरती है कि वह
आँख न मूँद ले
अदृश्य हो जाएगी वह
अपने ही नक्षत्र में

मरेगी पहली बार
अपने लिए,
अब तक जो चुप थे
पूछेंगे उसके बारे में
जिलाएँगे उसे
सांत्वना देने
मरेगी तब वह
कई-कई बार

एक नितान्त खाली जगह में

लो अब छोड़ती तुम्हें वह

खींचती फाँस
अपनी आत्मा से
बीनती
कंकड़ मन से
चुनती
तुम्हारे शब्द
खामोशी से,
उधेड़ती जगत से
तुम्हारे धागे
उखाड़ती धुरी
अपने नक्षत्र-मण्डल से
रोक लेती वहीं
अपनी परिक्रमा

वह छोड़ती तुम्हें
और ढूँढ़ती अपने आपको
एक नितान्त खाली जगह में

एक तुम नहीं जान सकोगे
कि वह तुम्हें छोड़ चुकी है,
यह दुःख रहेगा उसके पास
एक इस दुःख का उपाय नहीं

एक इस दुःख के सहारे
रहते रहोगे तुम
उसके छोड़ने के साथ

एक उस दुःख के सहारे
देखेगी वह फिर अपने आपको
एक नितान्त खाली जगह में

उसका मोक्ष है

उसका मोक्ष है
तुम्हारे बिना
उस भाव में पुनर्जन्म लेना
जो तुमने उसे सिखाया

तुम्हें दर्शक बना
वह अभिनय करती है
तुम्हारी अनुपस्थिति भी
उसकी दृष्टा है
ऐसी मुद्रा जो मंच के अँधेरे में
दिखती रहती है
ऐसी पंक्ति जो खामोशी से
डरती है
ऐसा मुखौटा जिसकी आँखें
पलटकर चेहरे को देखती हैं
गौर से, सजाती हैं उसे अपनी तरह

उसका मोक्ष है
अपने अभिनय का
दृष्टा बनना

उसका मोक्ष है
अपने दर्द को
अपनी तरह
अपने से कहना

और अब यह विदा

और अब यह विदा
अपना-अपना, अलग-अलग

वह एक सम्पूर्ण घेरा खींचता है
उसका केन्द्र उसके बाहर रखकर
वह दूर जाता रहता है
और आवाज का आवेश भेजता है
दूरी भरने के लिए

वह सपने देखता रहता है
ऐसे भी सपने देख सकते हैं
टी.वी. की धड़कन में
मुलायम पन्ने में सरसराती
कीमती छवियों में
मन को सहलाती
महत्वाकांक्षी लहरों में

दीवार पर लहलहाती
पत्तियों की परछाईं-सी
उसकी खुली आँखों पर जब
उसके सपने बिछे रहते हैं
तब वह उसे देखता है
उनके बीच, उनकी तरह
वह उसे साथ रहने का

क्या साक्ष्य दे ?

वह उसके और अपने बीच
एक गहरे स्थायी भाव का
शब्द-स्तम्भ गाड़ती है
हर जगह गड्ढ़े बुदा-बुदा जाते हैं

वह जाता है–
और वह उसके जाने के निशान
मुटठी में बंद कर लेती है
जैसे बच्चे पकड़ते हैं
चमकते पत्थर, फूल, तितली
तोते के हरे पंख
और जमा करते रहते हैं
घर के सबसे अकेले उजाड़ कोने में
उन्हें कोई झाड़ता या फेंकता नहीं
कबाड़ से अलग दीखते नहीं
वे किसी को
चमकता है उनका रंग
बच्चों की ही आँखों में

वह जाता है–
उसके सपनों में अन्तर नहीं
आने और जाने में

उसके जाने के बाद
कैसे विदा करे वह
वह पत्थर, वह फूल, वह तितली
वह तोते का हरा पंख ?

अलग होना

माचिस तीली-सा
प्रज्वलित पल
जिसमें वह पढ़ती
उसका आलेख
मिटता जाता जो
उसके पढ़ते हुए
मिटती है जैसे
काँच पर छोड़ी साँस
और उसमें लिखा नाम

दो लोगों के लिए सजाई
मेज के आरपार
स्वास्थ्य, मौसम, राजनीति
तुमसे पूछना—और कॉफी ?
जबकि पूछना चाहता है मन
कुछ और—

अथाह भाव को
सभ्य भव्य चित्र में
बदलने की कोशिश,
एक आहत समय को
सिलसिले का नाम देकर
सिगरेट की तरह बुझा देना
दोस्त की तरह हाथ मिलाकर
विदा लेना

जिसकी आत्मा में झाँका है
जिसे अपनी आत्मा में
प्रवेश दिया है
न दोस्त होता है न दुश्मन
होता है अपना ही मन
कैसे विदा लेता है कोई
अपने आपसे ?
विदाई का विज्ञान नहीं
कला हो सकती है
फिर भी रहने दो उसे अरूप
उस भाव की तरह
जिससे वह अलग होना चाहती है

अन्त

पहले उसके वाक्य टूटे
शब्द अलग-थलग हुए
पर उनके विग्रह ने
एक नया व्याकरण रचा
फिर उसके अक्षर
शब्द से छूटकर
एक नई लय सँजोने लगे
फिर मात्राएँ लुप्त होने लगीं
और अक्षर ध्वनि से मुक्त हुए

अब सिर्फ़
आकाश से गिरते
काले कटे पंख-से
दीवार पर फिसलती टटोलती
अंगुलियों के धब्बे-से
पृष्ठ के कोने की ओर
चंद निशान सरक रहे हैं

बहुत देर वह नहीं जिएगी
बहुत जल्दी मरेगी नहीं

बिना घर की छतें

अर्द्धचेतना

नींद में चलते-चलते
उसका पाँव मुड़ गया
वह चौंककर उठी
दर्द था
सूजन नहीं
मोच कहाँ लगी ?

वृक्ष-सी नींद
अपनी सहस्त्र जड़ें
उसके भीतर
कब से उगा रही थी
वह सोई क्यों नहीं ?

आँख के नीचे
काली पड़ती रेत
और रेत पर
महीन रेखाएँ
सबूत हैं
उसके पास
नींद की लहरें आई थीं
किनारे बैठ वह उन्हें देखती रही

न सोई न जागी
होश में आएगी वह
अपने से बहुत दूर

नृत्य के बाद

वह बिस्तर पर लेटती है
उसका कमरा खामोश है
उस घर की तरह
जिसे मेहमानों ने छोड़ दिया
अर्थी के साथ,
उसकी देह उठती है
अर्धचक्र में
देह से निकला उसका दिल
धड़काता अपना डर
अपने विरुद्ध

उसकी त्वचा पर थिरकते हैं
उन्मत्त तलवे
नृत्य के बाद
देर तक निःशब्द
सरकाती है वह मलबा
ढूँढ़ती नीचे दबा मन

उसकी देह उठती है
अर्धचक्र में
अब कोई धड़कन नहीं होती
अब वह स्वयं देह से
बाहर निकल आई है
उठती है देह अपनी ही लय से

इसके लिए उसे
संगीत की जरूरत नहीं
जरूरत है--
आदत में ढलने की
नृत्य के बाद
रूम फ्रेशनर और डिऑडरेन्ट से
हवा को ताजा करने की

घास

(1)

हवा उसके ऊपर बहती है
जैसे दूब के ऊपर
नरम हरी
हल्की रजत कम्पन
और एक ठण्डा रस
सींचता है नसें
एहसास होता है उसे
एक धीमे आश्चर्य से
अब भी
उसकी सब असुरक्षाओं
से चुनी तलहटी के नीचे
जिन्दा हैं उसकी जड़ें

(2)

घास की तरह
झुकती वह
टूटती नहीं
उखड़ने के बाद भी
बिखरी कहीं
उग जाती वहीं

उसकी त्वचा पर
सफेद स्फुटित बूँदें
मन पर छितरा
किसी और की
इच्छाओं का अवशेष
बसन्त की दोपहरी में
घास के कटे सिरे
और कटी घास का उच्छ्वास
अलग-अलग सतहों पर
जमती इच्छाओं की बास

घास छीलते हुए

हैरान थी वह कि यहाँ सब लोग
घास ही छीलते रहते हैं
मेहनत और लगन के साथ,
सेंकती है घास धूप और प्यार
और कटने देती है आपने आप को

हैरान थी वह कि कैसे कोई
कर सकता था घण्टों
घास छीलने का काम
जैसे कि जीवन में यही हो
इसके अलावा और कुछ नहीं
बस यह
एक पल
गीली घनी घास का
आत्मलीन

ध्यान से अब
वह छीलती है घास
अधकटे सिरे
हवा में थिरकते
धूप में होते विलीन

ज़िन्दगी बन गई है
इतनी सरल
दर्द की तरह
तर्क छोड़ जब
वह आदत बन जाता है

एक समय ऐसा

अब वह उस हद पर पहुँच गई है
जहाँ समझ आने लगता है
कि रातों-रात चेहरे पर
झाँई क्यों आ जाती है
हाथ अन्दर ही अन्दर
अपने में बंद क्यों होने लगते हैं,
जुबान अपने आप थककर
रुक क्यों जाती है,
शब्द रेत में क्यों धँस जाते हैं

ऐसा औरों के साथ होते देख पहले
उसे दुःख होता था और क्रोध
अब हर भाव शान्त होता जा रहा है
वह जानने लगी है एक समय ऐसा आता है
अपने ही वश से बाहर हो जाते हैं देह-मन

पुराने कपड़ों की गट्ठरी-सी,
उसके लिए एक छोटा कोना काफी है
उसके अँधेरे में उसने सीख लिया है
खुली आँखों से न देखना
उसके निर्वात मौसम में
रुक-रुक कर साँस लेना
सिकुड़ते समय और लम्बे होते दिन में
कछुए की तरह अपने भीतर लुप्त हो जाना

दुःख नहीं होता अब
क्योंकि
सूखती जा रही है
सुख की शक्ति

शून्य की आँख

रेशे-रेशे
रूई के
बुन रही है वह
न सुई न कतली

शून्य की आँख से
निकलती
बार-बार
बुन रही है वह
अपने आपको

उसकी कहानी

वह कहानी सुना रही है

दरवाजों के कोनों
में छुपी धूल का सरकना
उखड़े खपरैलों में दुबके कबूतर
का बड़बड़ाना
घास की जड़ों में सूखते
पानी की खराश
ठण्डे पत्थर पर हरसिंगार
के झरने की आवाज
कच्चे अमरूद को फोड़ते
तोते का चिड़चिड़ाना
कढ़ाई में बुदबुदाते
सरसों के बीज
तवे पर रोटी का थिरकना
घर छोड़ते बच्चों के हड़बड़ कदम
तेजी से जाते सब कुछ समेट
अनजान राहों पर भागते
बहुत दूर बहुत देर
बहुत धीरे से पीछे
देखती निगाहों का टटोलना,
बंद द्वार साँकल का
उठना और गिरना
किसी के कभी भी न लौटने की आहट

लम्बी सूनी दोपहर की
फुसफुसाहट
सूखे गिरते पत्तों-से
अपने नीचे दबते शब्द,
मन के खाली मण्डप में
पुरानी बातों की गूँज
ऊन के गोले-सी
खुलती उम्र
जो लपेटने में भी
कभी उतनी कसी
नहीं हो पाती

वह कहानी सुना रही है कब से
मिलती है सबको अपनी जीवनी
उसके कहने से
अच्छे कहानीकार-सी
लुप्त हो जाती वह
अपनी ही कहानी में
सुनते हैं सब अपनी कथा
नहीं सुनता उसे कोई

बीच रास्ते में

सबसे खतरनाक थे
बच्चे और औरतें

बच्चे खड़े देखते रहते,
बिलकुल आखिरी पल
सामने से होकर भागते,
उनकी होड़ थी हवा से
उनकी मुठभेड़ थी समय से
और अभी वे उसके आगे थे
न लड़के थे न लड़की
अभी वे सिर्फ बच्चे थे

औरतें ठीक सामने ठिठक जातीं
अनिश्चित कि उनकी जगह कहाँ थी

चलती गाड़ी के ठीक सामने
फटी आँखों से देखतीं
न गाड़ी को न अपने आपको
अपनी देह को बीच
रास्ते में छोड़ खोजतीं
उसके और अपने बीच का वास्ता
हेडलाईट की निर्मम नोंक
छूती है उन्हें जैसे छू रही हों वे
पहली बार अपने आपको

कट-आऊट

वह सड़क किनारे बैठी है
उसका चेहरा–
कागज का कट-आऊट
जिस पर बच्चे की अंगुलियाँ
चित्र खींचती रुक गईं

उसका चेहरा–
कटी हुई नाभी का
अधचिथड़ा सिरा
सूजकर ऊपर फूल रहा था
असमय उगला हुआ

बहुत तेजी से सड़क उसके
बगल से आगे भाग रही थी
नाक पर रूमाल बाँधे, आँख बचाए

वह तो मर चुकी थी,
कपाल को काटती
माँग-सी महीन दरार से
निकल जाती थी कभी-कभी
अपने पाताल से बदहवास-सी
बत्तियों से बुदबुदाती सड़क पर
अमावस्या की परछाईं-सी

हाँफती हुई उलटे पाँव
लगता था कि पीछा कर रही है
किसी दूसरे की देह में
फिर से जिन्दा होने के लिए

ऐसा कई बार हो चुका था
लौटती थी अन्ततः चुपचाप
चौंकने लगती थी अपनी आवाज से
बाँध लेती थी ताबीजें
अपने ही खिलाफ
जो कुछ रह जाता फड़फड़ाता
फिर से ठोंका जा सकता था
आस्था की भीनी पर्त पर
छोटा सा आलपिन चेहरा
मिटे हुए चित्र का कोना

यह भी प्रतीक था
हर प्रतीक की तरह
जो नहीं था: उसका हस्ताक्षर
ईश्वर की आदि अनुपस्थिति का संकेत
वह आत्मा है, वह ईश्वर है, वह ब्रह्म सत् है
वह सब कुछ है जिसका प्रतीक
एक भागती हुई सड़क बनाती है
चेहरे पर रूमाल बाँधे
अपनी गंध से बचने के लिए

वह सड़क किनारे बैठी है
अनगढ़ चित्र, कुचले भ्रूण
रेंगती छाया के बाहर

कट-आऊट

वह बैठी है
बैठा रहता है जैसे अर्थ
प्रतीक के बाहर

बिना घर की छतें

सड़क की किनारी छूती
निचले घरों की
बिना मुँडेर की छतें
पीला रंग पहने
अटकी उनमें
पतँगें
लड़कियाँ
हवा में बह जाने के लिए बेताब
खुलती जाती चकली
कब तक बाँधे रखेगी डोर ?

घरवाले डरते हैं
जीने का दरवाजा बंद रखते हैं
कुरते की लम्बाई बढ़ाई जाती है
उससे लम्बी हो जाती है
लड़कियों की इच्छाएँ
बंद जीने को लाँघ जाती हैं
पतंग में छुपकर उड़ जाती हैं

बहुत ऊपर गश खाती
पेंग लगाती नहीं देखतीं
उनके नीचे से निकल गई है
उन्हें उड़ाने वाली हवा

गिरती हैं
अपनी डोर से कटी–
खुलती हैं उनके लिये
बिना घर की छतें

साईकिल

रोकने पर भी
पार कर गई वह
सड़क का चौराहा
घूम गए ग्यारह साल
साईकिल की धुरी पर
एक नए उन्माद के साथ
कुछ और तेज हर बार

खाली थी सड़क
उलाँघती गई वह
हर चौराहा
खेल के मैदान की तरह
नहीं मालूम उसे कि
सबसे खतरनाक होता है
सड़क का खाली होना

ढलवाँ मोड़ पर
आ़समान के नीचे
तैरती चिड़िया-सी
हवा पर सवार
पंख की नोंक पर
दिशाएँ मोड़ती
पीछे से आती गाड़ी का
रास्ता काटती

तिरछी उड़ान वाले तीर-सी

उसे उस तरफ का डर नहीं
घूमती है सड़क उसकी गति से

वह नहीं जानती
उसकी सरपट साईकिल
सड़क की साजिश है

खेल रही है सड़क
उसके साथ
उड़ा ले जाएगी
एक दिन उसे
अपनी बलखाती
लचकती लीला में

तब से अब तक
साईकिल के नीचे
उतर नहीं पाई है वह
बहुत पीछे छूट गया घर
थक गई घूमती धरती

फिर भी उसकी होड़ टूटती नहीं
वह बढ़ रही है आगे
हवा के उस असम्भव
सन्तुलन की ओर
जहाँ स्थिर-अस्थिर
गति-नियति
एक हो—
जिसका भय

ग्यारह साल पर
साईकिल के हैन्डिल में
कस के वश में कर
सूनी सड़क के पार
शुरू की थी उसने यात्रा

भाषा से बाहर

हवा रुक गई है

हवा रुक गई है
पाल झुकने लगे हैं,
छोटी-छोटी लहरें
नहीं जोड़ पातीं
एक-दूसरे से नाता,
लहर की परछाईं में
नाव की परछाईं
पत्थर-सी भारी
पत्थर-सी विवश–
और आगे नहीं बढ़ेगी नाव
डूबने लगी है,
छोड़ने होंगे पतवार
किनारे से दूर
मझधार में
मुट्ठी भर-भर उलीचना है
अपना ही पानी

दिवसान्त

गुलाबी बादल
दीवार पर फिसलते
बोगन बेलिया
एक लघु पल
गुलाबी
सूर्यास्त के पहले

छतों पर टीवी एन्टिने
ऊँचे उचकते
हैलोजन खम्बे
सटी दीवारों के बीच
ताड़ के लम्बे
छायादार हाथ,
आकाश की ओर फैलते
छोड़ना चाहते हैं
अँधेरे पड़ते कोने जहाँ
कोई प्रतिबिम्ब नहीं

खुली होने पर भी नहीं
अंदर खींच पाती खिड़की
थोड़ी सी खुली हवा

नहीं खुलती

दिन भर की कसी गाँठ
खुलता है सिर्फ टीवी, अखबार
थिरकते नृत्य, गीत के बीच
भूख, भूकम्प, आतंक
आतंकित नहीं करते
मन को चाहिए
पर्दे और पर्चे की
सुरक्षित दूरी पर
कुछ भी–सनसनी खेज
एक सपाट दिन को
उसके किनारे ठेलने के लिए
अप्रत्याशित
कोई परिचित कथा कहीं
नई रोचक घटना बन जाए

ऐसा नहीं होता–
टी. वी. अखबार के साथ
सिमटता समय
बासी खबर की तरह

दिन की यह सबसे
असहनीय घड़ी है

दिन की निढाल
छवियाँ ढली नहीं
नींद की जागी नहीं

गुलाबी
बादलों के जाने के बाद
फूलों की आँच के

बुझने के बाद
लटकते हैं बोगन बेलिया जब
क्रेप-रिबन की तरह
पार्टी के खत्म होने के बाद
कमरे से
सारी प्रतिध्वनियाँ
जब चली जाती हैं
शीशों से
रोशनी बाहर आ जाती है
दिन की सहस्त्र आँखें
जिनमें चमकती रही दुनिया
फैन्टसी की तरह
बंद हो जाती हैं

अनलंकृत देखना तब
उसे–
जो अपने जैसा लगता है
एक सामान वक्तव्य
सिर्फ वस्तु के होने का सूचक
व्याकरण के उदाहरण-सा
और कोई संकेत नहीं
अर्थ को उस तक
सीमित रहने देना
विषयहीन
बिन्दु तक सिमट जाना
निर्भाव

दिन और रात के बीच का
यह सबसे कठिन समय है

ईर्ष्याएँ

जो उत्तेजित करती हैं हमें
औरों से आगे बढ़ने के लिए
छोटा करती हैं हमें
अपने आपसे

सपने

जिन्दगी नहीं बदलते
और जटिल कर देते हैं
जिन्दगी,
जटिल जिन्दगी
मरती नहीं
जीती है
सपनों में

नींद

स्वप्न देखने वाला
देख सके अपने आपको
स्वप्न देखते हुए
तो अन्तर नहीं
सोने और जागने में
जीवन-मृत्यु में

कविता की आकांक्षा

मुक्त होने की माया
रचती कविता
मुक्त होने में
शान्त हो जाते शब्द

अशब्द

उच्चारित होता रहता है
उसकी सतह पर
भाषा और विचार के बीच का
अशब्द अन्तराल
खोदता रहता है उसे
अपनी जड़ की खोज में
धीरे-धीरे जब सब कुछ
बैठने की आदत में
फिर से हो जाता है
बुदबुदाने लगती हैं इन्द्रियाँ
बिना अर्थ से टकराए
ओझल हो जाते हैं वाक्य
विरामों के बीच से
अक्षर की सीमा तोड़
स्वच्छन्द हो जाती है मात्राएँ

उनके बीच में जब वह
बैठना सीख जाता है
बिना यह बताए कि
देख चुका है वह
उनके वहाँ न होने का रहस्य
तब जो खामोशी वह
स्वीकार कर चुका है
फेंक देती है उसे

मौन के अस्थिर चक्र में
खींचने के लिए फिर
सुलगता पिघलता
साँस लेता डूबता शब्द
और उसकी
असह्य अशब्द पीड़ा

घर

शरचाप-सा तना
चिड़ियों का व्यूह
हवा की साँवली कम्पन में
टूट जाता है,
आसमान में फैल जाता है
अस्तव्यस्त पंखों का काला धब्बा

ढूँढ़ रही हैं घर चिड़ियाएँ
पेड़ों की उलझन में,
बटोरती हैं तिनका-तिनका
छोड़ जाने के लिए
घुसती हैं घोसलों में
घर के भ्रम में

धुएँ भरी नगरी में
देखते हैं लोग
अडिग निश्चय-सी
चिड़ियों की उड़ान
स्थिर दिशान्त में

धुएँ भरी नगरी को
देखती हैं चिड़ियाएँ
हर जगह घर ही घर
फिर क्यों भटक रहे हैं लोग

उन की तरह ?

जानती हैं चिड़ियाएँ
उनके घोंसले उनके घर नहीं
सीख लेती है चिड़ियाएँ
आसमान में घर बनाना

विलोम

हमारे बीच है शब्द
जिसका आकार संकेत है
उसकी पृथकता का

हम चुनते हैं शब्द
एक-दूसरे तक पहुँचने के लिए
शब्द–जिसका अस्तित्व
दूसरे शब्द के निषेध से है
जिसका अर्थ अन्तरसंबंध में है
पर जो इशारा करता अपनी ओर
औरों के इनकार से

कैसे बनेगा शब्द सेतु ?

हम शब्द ढूँढ़ते हैं
अनुभूति को आकार देने के लिए
पर खण्डित है शब्द हमारे ही
विश्लेषण विलोम से

भाषा से बाहर

वह साहित्य का शिक्षक था
आधे पाठ में रुक जाता था
वह कविता का अनुभव करता था
भाषा से बाहर निकलकर

ध्वनि पहले थी
फिर शब्द
फिर अन्त में अक्षर ?
वस्तु और अनुभव
अवाक् थे
ध्वनि बन गई
उनका माध्यम
किसने तय किया कि अर्थ का
यही सार्वजनिक रूप होगा?

चेत-अचेत के बीच की
शून्यता था शब्द
अनन्त पर आघात करता
शब्द की दृष्टि पड़ते ही

अर्थ अपनी जगह से
विस्थापित हो जाता था
जैसे परछाईं से देह
जैसे देह से आत्मा

शब्द अपने महीन तंतु में
बाँधना चाहता था उसे
पानी में तैरते जाल-सा
अपने से ही बँधा रह जाता

आस्था है शब्द
अलगाव अर्थ
और कविता
उन दोनों के बीच का अभाव

अन्ततः कविता
शब्दों से मुक्त
होने की कोशिश थी

और कविता के बाहर
कोई अर्थ नहीं

अब उसका पाठ
पूरा हो सकता है
अब पाठ पूरा करने के लिए
वह विवश नहीं

उसका स्कूल

वह स्कूल में पढ़ाता था
किताबों के पाठ
मेहनत से तैयार कर
किताबों के गीत
हाव-भाव से गाकर
टाटपट्टी की सीधी पंक्तियों पर
बच्चों को सीधा बैठाकर

उसके बोलने से
बच्चे बोलते थे
उसके चुप रहने पर
चुप हो जाते थे
उनके उत्तर सही होते थे
पर वे अपने प्रश्नों से डरते थे
उनके पहाड़े पक्के थे
पर उनके अपने अनुमान
कच्चे रह जाते थे
जब वह हँसता
वह हँस देते
यदि रोता कभी
तो रो सकते थे
स्कूल का यह रोना
स्कूल की यह हँसी
उनकी नहीं थी

उनकी आँखें
निर्जल तालाब-सी
खाली रहतीं
उनके चेहरे
गणित के शून्य-से
अपनी सही जगह
नहीं ढूँढ़ पाते
उनकी किताबों का रंग
पिंजड़े में बंद चिड़िया-सा
उन तक उड़ कर नहीं आता
सब नम्बर देने के बाद भी
वह समझ नहीं पाता
कि कौन पास हो रहा था और कौन फेल

उस पर चढ़ रहा था
स्कूल का बुखार
उसे उतारने के लिए
उसने छुट्टी कर दी

तीन दिन अवकाश के बाद
जब वह स्कूल लौटा
तो ब्लैकबोर्ड भरा था–
आज पतंग उड़ाई
आज इमली तोड़कर खाई
कुत्ते को ढेला मार दूर भगाया
जो रोज पीछे लपकता है
कंचों में हुई खूब कमाई
यह गीत माँ गाती है
सारे के सारे खिलौने
बाबा घर ले आए

जो मेले में बेच न पाए
आज चूल्हा नहीं जला
क्योंकि दादा चले गए

कुछ भी नहीं था इसमें
उसका पढ़ाया हुआ
पूरा का पूरा गाँव
चला आया था
एक छोटे से श्यामपट्ट पर
उसकी शिक्षा की खुरदुरी पीठ पर
बस रहा था गाँव,
क्या गाँव की पथरीली जमीन पर
उग सकेगा उसका स्कूल ?

लौटा लेगा अपनी स्मृति में
अंगुली को काटती
वह बचपन की चकली
और हाथ से छूटी
पतंग की डोरी
पकी निमौली-सी फूटती
हवा को रंगों से रौंदती
इच्छाएँ–
जमीन को छोड़ती
अपनी ही मिट्टी को झाड़ती
न उगती न टूटती
एक न जीए जीवन के
अवशेष-सी उम्र ?

बिखरे बेतरतीब हिस्सों में
बटे जीवन को
बटोर सकेगा उसका स्कूल ?

विपर्याय

हर वस्तु का जन्म अपने विपर्याय से है
रेगिस्तान में रेत से
पानी की मरीचिका
हवा में धूप से
पानी की सिहरन
सड़क पर चलती छाया से
जीवन का आकार

ऐसी माया

ऐसी माया
जो सच को
सम्भव कर सके
ऐसा स्वप्न जो
आँखों में
दृष्टि दे सके
ऐसा नाद
जो सारा शोर
एक-स्वर कर सके
ऐसी प्रतीक्षा
जो पूर्ण करे
ऐसी परिपूर्णता
जो सब इच्छाओं से मुक्ति में है

इन्द्रधनुष

बाहर आसमान में
निराकार धूप
थक गया है मन
इतनी लम्बी उड़ान से
आकाश का अन्त नहीं
धूप उससे भी लम्बी
और निर्मम,
क्षितिज पर अटकी
अपनी ही टकटकी से
भिदी आँख बुझती है

कि सहसा इन्द्रधनुष
पानी भरे
काँच के गिलास में
नीचे तक झुकता हुआ

अपनी माया से
अर्थ तक पहुँचने की
सम्भावना लौटाता है

भीड़ के बीच

बाघ तेज-कदम
सीधी सभ्य पंक्ति में
दहाड़ती ट्रैफिक के ऊपर
जिसके झिलमिलाते अर्ध-चक्र में
बहुत सारे लोग
बहुत अलग गति में
चलते जा रहे हैं
कोई नहीं पहुँचता
अपने गन्तव्य
पर थोड़ा दूर हो जाते सब
उस बिन्दु से
यात्रा-स्मृति में
जो अकेला अपना था
इतना कि उसे
पहचानना भी
अपने से अलग
किसी वस्तु को
देखने-सा है

बहुत सारी गाड़ियाँ
एक-दूसरे की जगह हड़पती हैं
बिछुड़ते बिम्ब जहाँ लोग थे,
पिघलते नाम जहाँ स्थान थे
इतने तेज कि

गति ही बची रहती है

चिकनी सड़कों पर तैरती गाड़ियाँ
जैसे चिकने पत्थरों पर पानी
जैसे पानी पर रोशनी
जहाँ गति का एहसास
उसकी माया में है

तेज-कदम बाघ जो
फुर्ति से चलते
पोस्टर से निकल
अपने खोए वन तक
कभी पहुँच नहीं पाते

हर सुरक्षित काँच को भेदती हैं
रोशनी की तीखी सलाखें

इतनी दूर आ सके हम
हेडलाईट की भीड़ में
खाली जगहों के पीछे
भागती गाड़ियों के बीच
दमदार टायर बेचते
तैनात कतार में विस्मित
बाघों के बीच

सहसा यह इकलौता क्षण
लम्बी लहकती गेंहूँ के बाल-सा
सुनहला स्थिर, निःशब्द
पकते कणों में अपना रंग
निहारती हवा-सा

भीड़ के साथ बहते
रुक गया वह पल
न पीछे देखता न आगे
फिर भी सब रास्ते
उससे गुजरते थे
कि प्रस्थान-गन्तव्य
एक बिन्दु थे
भीड़ के बीच
एक सम्भावना
अतीत-सी परिचित
पर अतीत का विषाद नहीं
भविष्य-सी कौतुक भरी
पर भविष्य का भय नहीं

कुछ स्मृति कुछ स्वप्न
कुछ आकांक्षा
कुछ अनुभूति
भीड़ भरे समय में प्रवाहित
एक क्षण स्थिर
परिपूर्ण
अपने आपमें गहराता
अन्तःकरण तक परिपक्व

एक अव्यक्त सारांश

मिट्टी की गंध
बारिश से थी
बारिश का निशान
हवा से था
हवा की हलचल
बरगद से थी
बरगद का जीवन
उसमें छुपी
असंख्य चिड़ियों
के शोर से था
और वह शोर
शाम के एकान्त से

हर एक का
एक अव्यक्त सारांश है
दूसरे की स्मृति में
एक साँस है
अकेली जिन्दा रखती है
दूसरे की इच्छा में
एक बिन्दु है
जिससे घेरा बनता है
और दूसरे की अधूरी नोंक
खींचती है उसे

नदी

नदी की निरन्तर कल-कल
पुल के नीचे से बहती
चट्टानों को टटोलती
सहस्र सफेद अंगुलियाँ
खोजतीं दर्द की जगह
चीड़ के जंगलों से गुजरती
गुनगुनाती अपने रहस्य
काँपती हरिताच्छादित स्तब्ध चीड़
पत्तल-पथ गहराता
पानी के पदछाप से
निष्कासित अतीत जैसे
लौट रहा नई चेतना बन

प्रवेश करती नदी मन के भीतर
सींचती मुर्झाती जड़ें
आर्द्र होती पथराई जमीन
बहता फिर एक जमा समय
बिखरते नदी के बीज
अंकुरित होते प्राण

कोयल

दिन भर कोयल की पुकार
अमिया से चकित हरे
आम के पेड़ से, पत्तों से बिछे
खुरदुरे पत्थर के आँगन में
जहाँ दीवार और पेड़ के तने पर
पड़ती है धूप की दरार

स्तब्ध शुष्क दोपहरी को
द्रवित करता स्वर
अब लम्बी फैलती
फलों के तीखे स्वाद से हरा
फूलों के तेज रंग से खिला
दिन भर अमिया खोजते
बच्चों की बात से कौतुक भरा
आँगन में बाल सुखाती
लड़की के सुर से सुरीला
प्रतीक्षारत घरों के एकान्त से गम्भीर

चित्र-सी निश्चल दोपहर जीवित होती है
जाग रही हो जैसे चित्रकार की
दृष्टि चित्र के भीतर
एक अदृश्य सृष्टि के एहसास में
पत्तों की सघन छाया में आवर्ती कूज
कोई ऐसा अर्थ व्यक्त करने की कोशिश

जो स्वर बनते ही छूट जाता है
आम के पेड़ से उठता स्वर
दीर्घ मधुर-एक ध्वनि के घेरे में
बँध जाता एक बिखरा समय
लय की ऐसी शुद्ध तरल अनुगूँज
की स्थिर हो जाता मन
किसी शाश्वत अर्थ के छल से

मकड़ा और चाँदनी

फूला पेट
पतले हाथ-पाँव
फैला मकड़ा-पेड़

बारिश में
धुँधली चाँदनी से
बुनता जाला

कितना भी
विचित्र नमूना
बनाते हुए जिसे
खुद मन न जाने
कितनी भी रौशनी
अविश्वसनीय–
एक विचार से,
जिसका निष्कर्ष
उसका नहीं,
पर जिसका उद्‌गम
उसमें है–
बाँधे रखता वह
अपने आपको
अपने कोने से

इतना

दुःख से दुःखी क्यों हो ?
हम
दुःख के भीतर हैं
हम
दुःख के कारण हैं
होना
दुःख से है
इसलिए
होना दुःख नहीं
अन्दर गूँजता
वह सूक्ष्म निजि
मैं
दुःख है
एक तेज घूमती
चकली-सा
खुद केन्द्र
खुद पथ
खुद बिन्दु
खुद गति
दुःख का हेतु
दुःख का भोगी
दुःख विषय
दुःख वस्तु

जीवन से मुक्ति है
दुःख से मोक्ष कहाँ ?
दुःख से मोक्ष
के बाद लौटना
इस जीवन में
है
बोद्धिसत्व
स्थित प्रज्ञ
अपना अस्तित्व
ढूँढ़ता ईश्वर

बन्दनवार

तुम्हारे घर में खुला रहे
हर खिड़की-द्वार
हर चौखट पर सजा रहे
बन्दनवार

हर देहरी पर खिली रहे रंगोली
कि तुम्हारे चारों ओर लहलहाएँ
हरी-कच्च पत्तियाँ
छानती रहें
जीवन की कर्कश धूप

●●●